Fotos:
Shutterstock: S. 8 (1exey), 11 (Sigit Adhi Wibowo), 13 (Jorge Abel Photography), 14 (Aaron Amat), 15 (Alta Oosthuizen, paula french), 17 (emirhankaramuk), 19 (Vishnevskiy Vasily), 22 (D. Kucharski K. Kucharska), 26 (Lasmane), 30 (Daniel Prudek), 31 (Milkovasa, Maren Winter), 33 (Ronald Wittek, Geert W. de Vries), 35 (vladsilver), 37 (Marek Mierzejewski), 64 (Sigit Adhi Wibowo, Jorge Abel Photography).
Adobe Stock: S. 8 (fotoparus), 9 (nulovetoyo, waechter-media.de), 11 (romantiche), 13 (Pb), 17 (Warren), 21 (Stanislav Duben), 23 (HPE, milanchaval, Martin), 25 (mkstudio001), 27 (Stefan Simmerl, Egmont, Andreas Neßlinger), 29 (Hans-Joerg Hellwig, Andre), 32 (Vera Kuttelvaserova), 33 (JAG IMAGES), 35 (Fabrice BEAUCHENE, Paul), 37 (Ruckszio, Marek R. Swadzba), 64 (JAG IMAGES, Ruckszio). iStockphoto: Titel (Eugene_Antonov), S. 10 (Serg_Velusceac), 11 (AL_Travel-picture), 12 (nattanan726), 13 (USO), 15 (Michel Viard), 16 (RonMasessa), 17 (kjorgen), 18 (MikeLane45), 19 (www.fotoparus.com, Andyworks), 20 (Eugene_Antonov), 24 (Antagain), 28 (Aleksandar Dickov), 31 (Micke Jonsson), 34 (Coldimages), 36 (NATALYA DRALOVA). pixabay: S. 9, 25. Thinkstock: S. 21. Panthermedia: S. 21 (Joerg Herold). Kastenhuber: S. 29

Gestaltung: Tocologo Kommunikationsdesign
Repro: m4p Kommunikationsagentur GmbH, Nürnberg
Druck und Bindung: Grafisches Centrum Cuno GmbH & Co. KG, Calbe

ISBN 978-3-946360-38-4

BOBBY KASTENHUBER

WER IST DA AUS DEM Ei GESCHLÜPFT?

Mit Illustrationen von Sonja Gagel

klein & groß
Verlag

Das Kuckucksweibchen passt seine Eier farblich dem Gelege des Wirtsvogels an.

INHALT

KEIMZELLE DES LEBENS

Ein Ei – woran denken wir da?
Vermutlich meist an ein Hühnerei …

Frisch geschlüpft!

Doch nicht nur Hühner legen Eier. Alle Vögel schlüpfen als Küken aus einem Ei, aber auch der Nachwuchs von Amphibien, Reptilien und der allermeisten Insekten entwickelt sich außerhalb des Muttertiers in einer solchen Hülle, die einzeln oder in großer Menge abgelegt wird. Das Ei ist so etwas wie die Keimzelle werdenden Lebens. Mal ist es winzig klein, wie bei einigen Insektenarten, und nur unter dem Mikroskop zu erkennen, mal ist es deutlich größer, etwa beim Strauß, dessen Ei bis zu 25-mal so viel wiegt wie ein Hühnerei.

Schutz und Nahrung

Ob Huhn, Krokodil oder Marienkäfer – das Naturwunder Ei funktioniert immer in ähnlicher Form. Der Nachwuchs der Tiere reift nicht über Wochen oder gar Monate im Körper der Mutter heran, sondern kann sich im Ei sehr selbständig entwickeln. So schützt die Kalkschale des Hühnereis das kleine Küken, und der gelbe Dotter dient ihm bis zum Tag des Schlüpfens als Nahrung. Nur Wärme muss die Henne durch ihr Bebrüten von außen liefern. Und selbst von solcher Brutpflege sind die Eltern bei anderen Tierarten entbunden. Dann liefern die Sonne oder ein Bett im warmen Sand die benötigte, kuschelige Temperatur.

DER MARIENKÄFER

Viele gelbe Eier

Im Frühjahr legt das Marienkäfer-Weibchen seine Eier meist an der Unterseite von Blättern ab.
Aus den Eiern schlüpfen die Larven.

Appetit auf Läuse

Die Larven sind sehr hungrig. Sie fressen vor allem Blattläuse. Im Laufe der nächsten Wochen werden die Larven immer dicker. Sie häuten sich mehrmals, bis sie sich schließlich verpuppen.
Aus der Puppe schlüpft nach etwa einer Woche der fertige Marienkäfer.

STECKBRIEF

Vorkommen:
weltweit

Lebensraum:
Wälder, Wiesen, Gärten

Größe:
4 bis 10 Millimeter

Gewicht:
0,05 Gramm

Lebenserwartung:
ein bis zwei Jahre

Ernährung:
Insektenfresser (vor allem Blatt- und Schildläuse)

Gelegegröße:
bis zu 400 Eier in Portionen von einem bis 60 Stück

Flieg, Käfer, flieg!

Der Marienkäfer hat vier Flügel: zwei dünne Hautflügel, die er zum Fliegen braucht, und zwei harte Deckflügel. Die gepunkteten Deckflügel schützen die empfindlichen Hautflügel, wenn der Käfer nicht fliegt.

QUIZ

Wie viele Blattläuse frisst ein Marienkäfer?

A Über 100 Läuse pro Tag.

B Eine Laus pro Tag.

C Fünf bis zehn Läuse pro Tag.

Antwort A ist richtig.

12 | REPTIL

DAS KROKODIL

Nester im Sand

Das Weibchen legt nach der Paarung bis zu 100 Eier an Land ab und vergräbt sie an sonnigen Stellen im Sand. Kurz bevor die Jungen nach acht bis zwölf Wochen schlüpfen, stoßen sie quäkende Laute aus. Daraufhin eilt die Mutter heran, buddelt das Gelege aus und trägt die frisch geschlüpften Kleinen zum Wasser.

Auf der Lauer

Zur Jagd lassen sich Krokodile im Wasser treiben. Nur die weit oben stehenden Augen ragen dann noch aus dem Wasser heraus. Sobald ein Beutetier in der Nähe ist, schnappt das Krokodil blitzschnell zu.

STECKBRIEF

Vorkommen:
Afrika, Asien, Südosten der USA, Mittelamerika, Australien

Lebensraum:
Flüsse, Seen, Sümpfe, Küstengebiete

Größe:
bis zu 7 Meter lang

Gewicht:
bis zu 800 Kilogramm

Lebenserwartung:
bis 100 Jahre

Ernährung:
Fleischfresser; Fische, Schildkröten, Säugetiere

Gelegegröße:
20 bis 100 Eier

Scharfe Zähne

Das Gebiss der Krokodile erneuert sich regelmäßig. Wenn ein Zahn ausfällt, wächst immer wieder ein neuer nach.

QUIZ

Was macht das Krokodil, wenn es ihm in der Sonne zu heiß wird?

A Es fächelt sich mit dem Schwanz frischen Wind zu.

B Es sperrt sein großes Maul weit auf.

C Es gräbt sich so tief in den Sand ein, bis Wasser kommt.

Antwort B ist richtig.

DER STRAUSS

auffallend große Augen
langer, fast nackter Hals
größter Vogel der Erde
besitzt keine Schweißdrüsen und reguliert die Körpertemperatur durch Hecheln
sehr lange Beine
nur 2 Zehen an jedem Fuß

Riesiges Ei

Das Straußenei ist das größte Ei, das es gibt. Es wiegt bis zu zwei Kilogramm und hat eine zwei bis drei Zentimeter dicke Schale. Die Straußenküken schlüpfen nach einer Brutzeit von sechs bis sieben Wochen.

Flink unterwegs

Obwohl Strauße Vögel sind, können sie aufgrund ihres hohen Gewichts nicht fliegen. Sie sind aber extrem schnell und können angreifenden Raubtieren mit einer Geschwindigkeit von bis zu 70 Kilometern pro Stunde davonlaufen.

STECKBRIEF

Vorkommen:
Afrika

Lebensraum:
Savanne

Größe:
1,75 bis 2,70 Meter

Gewicht:
70 bis 150 Kilogramm

Lebenserwartung:
15 bis 35 Jahre

Ernährung:
Allesfresser; Körner, Gräser, Blätter, Raupen, Heuschrecken

Gelegegröße:
8 bis 12 Eier

Tanzen fürs Weibchen

In der Paarungszeit wirbt das Straußenmännchen mit einem Balztanz um das Weibchen. Der Strauß schwingt seine Flügel, bläst seinen Hals auf und pendelt ihn seitwärts. Er wählt eine Haupthenne und oft mehrere Nebenhennen.

QUIZ

Was macht der Strauß, um seine Nahrung leichter verdauen zu können?

A Er schluckt als „Verdauungsschnaps" vergorene Früchte.

B Er frisst kleine Steine, die im Magen die schwer verdauliche Nahrung zerkleinern.

C Er ist ein Wiederkäuer, der den Nahrungsbrei mehrfach aus dem Magen hochwürgt und kaut.

Antwort B ist richtig.

DIE GRÜNE MEERESSCHILDKRÖTE

kann bis zu 5 Stunden tauchen, ohne Luft zu holen

Sonne, Sonne, scheine!

Das Schildkröten-Weibchen schwimmt zur Eiablage an den Strand, an dem es selbst zur Welt kam. Dort verbuddelt es seine Eier im Sand. Für das Ausbrüten ist die Sonne zuständig.
Nach zwei bis drei Monaten schlüpfen die jungen Schildkröten.

Schnell ans Meer

Gleich nach dem Schlüpfen machen sich die kleinen Schildkröten auf den Weg zum Meer. Dort kommen jedoch nicht alle an, viele werden unterwegs von hungrig wartenden Echsen, Waschbären oder Vögeln gefressen.

STECKBRIEF

Vorkommen:
in allen tropischen und subtropischen Meeren

Lebensraum:
flache Küstengebiete und Hochsee

Größe:
Panzerlänge bis 1,40 Meter

Gewicht:
bis 185 Kilogramm

Lebenserwartung:
40 bis 50 Jahre

Ernährung:
Jungtiere sind Fleischfresser (Krabben, wirbellose Kleintiere), erwachsene Tiere Pflanzenfresser (Seegras, Tang)

Gelegegröße:
etwa 100 Eier
(in einer Brutperiode werden mehrere Gelege abgelegt)

Flotte Schwimmer

Mit ihren paddelförmigen Beinen können die Meeresschildkröten unter Wasser sehr gut schwimmen. Sie erreichen eine Geschwindigkeit von bis zu 25 Kilometern pro Stunde.

QUIZ

Wann schlüpfen aus den Schildkröten-Eiern männliche und wann weibliche Jungtiere?

A Nachts schlüpfen nur Männchen, tagsüber Weibchen.

B Aus tief vergrabenen Eiern schlüpfen Weibchen, aus den weiter oben abgelegten Eiern Männchen.

C Bei einer Temperatur von 28 Grad während der Brutzeit entstehen Männchen, bei 32 Grad Weibchen.

Antwort C ist richtig.

DER KUCKUCK

ⓘ sehr scheuer Vogel

ⓘ Der Kuckuck ist ein Langstreckenzieher. Er legt zwischen 8000 und 12 000 Kilometer zurück, um sein Winterquartier zu erreichen.

Platz da!

Der Kuckuck brütet seine Eier nicht selbst aus, sondern das Weibchen legt sie einzeln in die Nester kleiner Singvögel. Nach dem Schlüpfen wirft das Kuckucks-Küken alle anderen Eier aus dem Nest.

Immer hungrig

Der junge Kuckuck will alleine im Nest aufwachsen. Damit stellt er sicher, dass er von seinen Pflegeeltern, die schon nach kurzer Zeit kleiner sind als er selbst, ausreichend mit Nahrung versorgt wird.

STECKBRIEF

Vorkommen:
Europa, Asien, Nordafrika

Lebensraum:
lichte Wälder, Steppen, Hochmoore, Gebirge, Küstengebiete

Größe:
30 bis 35 Zentimeter

Gewicht:
90 bis 140 Gramm

Lebenserwartung:
6 bis 10 Jahre

Ernährung:
Insekten, zum Beispiel Schmetterlingsraupen, Käfer, Ohrwürmer, Spinnen

Gelegegröße:
10 bis 20 Eier, die einzeln in die Nester der Wirtsvögel gelegt werden

Ab in den Süden!

Als Zugvogel fliegt der Kuckuck im Herbst Richtung Afrika. Auch wenn die Jungvögel nicht bei ihren Eltern aufgewachsen sind, treten sie diese weite Reise rechtzeitig an und wissen genau, wohin sie fliegen müssen.

QUIZ

Warum heißt der Kuckuck eigentlich Kuckuck?

A Weil sein Ruf so ähnlich klingt.

B Weil er komisch guckt, wenn er im fremden Nest aus dem Ei schlüpft.

C Weil er gern Mais frisst, der in manchen Gegenden Süddeutschlands und in Österreich Kukuruz heißt.

DAS CHAMÄLEON

Es gibt etwa 70 Chamäleon-Arten.

lebt als Einzelgänger

Sofort selbständig

Die Chamäleon-Eier werden im warmen Erdboden vergraben.
Je nach Art schlüpfen die Jungtiere nach zwei bis sechs Monaten. Sie sind sofort selbständig und machen sich auf die Jagd nach Insekten.

Starre Haut

Die Haut der Chamäleons ist sehr hart und starr, sie kann nicht mitwachsen. Deshalb häuten sich die Tiere regelmäßig. Um die alte Haut loszuwerden, reiben sich Chamäleons an Ästen.

STECKBRIEF

Vorkommen:
Afrika und Teile Asiens

Lebensraum:
Wälder

Größe:
2 bis 70 Zentimeter

Gewicht:
bis 2 Kilogramm

Lebenserwartung:
5 Monate bis 15 Jahre, je nach Art

Ernährung:
Insekten und kleine Vögel

Gelegegröße:
5 bis 40 Eier

Schnapp!

Das Chamäleon wechselt seine Farbe je nach Stimmung. So zeigen die Tiere, ob sie entspannt, ängstlich oder angriffslustig sind. Seine Beute fängt das Chamäleon mit einer langen, blitzschnell nach vorne schießenden Schleuderzunge. Das Beutetier wird dann im Ganzen verschluckt.

QUIZ

Wodurch merken Chamäleons, dass sich ein Feind nähert?

A Sie riechen andere Tiere auf große Entfernung.

B Sie hören die leiseste Bewegung.

C Sie können ihre Augen unabhängig voneinander bewegen und ihren Blick ringsherum schweifen lassen.

Antwort C ist richtig.

DIE RINGELNATTER

hält 5 bis 6 Monate Winterschlaf

Um wachsen zu können, muss sich die Ringelnatter immer wieder häuten.

Bei Gefahr zischt die Ringelnatter, ringelt sich zusammen oder bläht ihren Körper auf; manchmal scheidet sie auch ein stinkendes Sekret aus.

Überwintern in der Höhle

Je nachdem, wie warm und geschützt der Eiablageplatz ist, schlüpfen die jungen Ringelnattern nach ein bis drei Monaten. Den ersten Herbst und Winter verbringen sie gemeinsam in der Bruthöhle.

Fette Beute

Vor allem die deutlich größeren Schlangenweibchen können erstaunlich große Beutetiere verschlucken – zum Beispiel Kröten!

STECKBRIEF

Vorkommen:
Europa, Teile Asiens

Lebensraum:
Binnengewässer, Feuchtwiesen, Sümpfe

Größe:
70 bis 140 Zentimeter

Gewicht:
1 bis 3 Kilogramm

Lebenserwartung:
5 bis 20 Jahre

Ernährung:
Fleischfresser; Kröten, Frösche, Eidechsen, Fische

Gelegegröße:
10 bis 30 Eier

Lieblingsort: Wasser

Die Ringelnatter lebt an Seen, Teichen oder langsam fließenden Gewässern und hält sich oft den ganzen Tag im Wasser auf. Sie kann hervorragend schwimmen und tauchen. Erst nachts sucht sich die Ringelnatter ein Versteck an Land.

QUIZ

Sind Ringelnattern giftig?

A Nein, Ringelnattern sind nicht giftig und deshalb für den Menschen völlig ungefährlich.

B Ja, Ringelnattern sind giftig.

C Nur die Weibchen sind giftig.

Antwort A ist richtig.

DIE GARTENKREUZSPINNE

Eingesponnen!

Im Herbst legt das Spinnenweibchen viele Eier, die sie mit einem dichten Kokon aus Spinnenseide umwebt. Im nächsten Frühjahr kriechen die jungen Spinnen daraus hervor.

Giftiger Biss

Insekten, die sich im Netz der Gartenkreuzspinne verfangen haben, werden mit einem giftigen Biss getötet und ausgesaugt. Reste ihrer Opfer, die die Spinne nicht sofort frisst, webt sie ein und hängt sie am Rand ihres Netzes als Vorrat auf.

STECKBRIEF

Vorkommen:
Europa, Asien und Nordamerika

Lebensraum:
vor allem Streuobstwiesen, außerdem Wälder

Größe:
1 bis 2 Zentimeter (Körper)

Gewicht:
1 bis 1,5 Gramm

Lebenserwartung:
bis zu 2 Jahre

Ernährung:
Fluginsekten, zum Beispiel Fliegen, Wespen, Bienen, Schmetterlinge

Gelegegröße:
50 bis 200 Eier

Geschickte Baumeisterin

Für den Bau ihres Radnetzes braucht die Gartenkreuzspinne weniger als eine Stunde. Sie verbaut dabei etwa 20 Meter Spinnfaden.

QUIZ

Warum flüchtet das Kreuzspinnen-Männchen sofort nach der Paarung?

A Weil es hungrig ist.

B Weil es noch nach anderen Weibchen Ausschau hält.

C Weil es sonst vom begatteten Weibchen aufgefressen wird.

Antwort C ist richtig.

DER SCHWAN

schwarzer
Schnabelhöcker
orangefarbener Schnabel
mit schwarzer Spitze
weißes Gefieder
Schwimmhäute an den
schwarzen Füßen
bis zu 240 Zentimeter
Flügelspannweite

Große Nester

Schwäne bauen große Nester auf kleinen Inseln oder im seichten Wasser. Nach 35 bis 40 Tagen Brutzeit schlüpfen die Jungvögel. Das Gefieder der Küken ist anfangs silbergrau.

Sicher unterwegs

In den ersten Monaten bleiben die jungen Schwäne bei ihren Streifzügen immer nah bei den Eltern. Manchmal werden sie von ihnen auf dem Rücken getragen. Das verhindert, dass die Küken Opfer von Hechten werden.

STECKBRIEF

Vorkommen:
Mittel- und Südosteuropa, Nordamerika, Asien

Lebensraum:
seichte Seen

Größe:
1 bis 1,5 Meter

Gewicht:
7 bis 12 Kilogramm

Lebenserwartung:
10 bis 20 Jahre

Ernährung:
Wasserpflanzen, Insekten, Schnecken, Muscheln

Gelegegröße:
4 bis 8 Eier

Angriffslustig

Schwäne sind angriffslustige Tiere. Wenn andere Schwäne ihr Revier bedrohen oder sie ihre Jungtiere verteidigen müssen, gehen sie fauchend und mit ausgebreiteten Flügeln auf den Störenfried los.

QUIZ

Können Schwäne fliegen?

A Ja, sie brauchen aber ziemlich lange, bis sie auf dem Wasser gestartet sind.

B Nein, sie können nur schwimmen.

C Nur die männlichen Schwäne können fliegen.

Antwort A ist richtig.

DIE WEINBERGSCHNECKE

Eier in der Grube

Die Weinbergschnecke legt ihre Eier in einer Erdgrube ab. Wenn nach zwei Wochen die Jungschnecken schlüpfen, besitzen sie bereits ein winziges Gehäuse und können sofort für sich selbst sorgen.

Deckel drauf!

Im Winter verschließt die Weinbergschnecke ihr Gehäuse mit einem Kalkdeckel und fällt in Kältestarre.
Im Frühjahr wird der Kalkdeckel dann abgestoßen – und die Schnecke kriecht ins Freie.

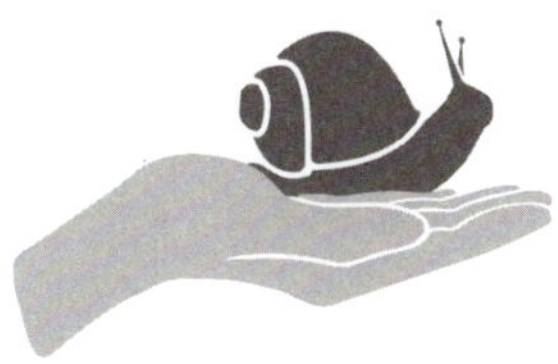

STECKBRIEF

Vorkommen:
Europa

Lebensraum:
Wiesen, Gebüsche, Wälder

Größe:
bis zu 10 Zentimeter

Gewicht:
bis zu 30 Gramm

Lebenserwartung:
8 Jahre

Ernährung:
weiche Pflanzen

Gelegegröße:
40 bis 60 Eier

Männchen und Weibchen

Die Weinbergschnecke ist ein Zwitter. Das bedeutet, dass jede Schnecke sowohl männliche als auch weibliche Geschlechtsorgane besitzt. Um sich fortzupflanzen, müssen aber immer zwei Schnecken zusammenfinden.

QUIZ

Wie zerkleinert die Weinbergschnecke ihre Nahrung?

A Die Nahrung wird im Ganzen geschluckt.

B Mit ihrer Raspelzunge, auf der sich Tausende kleiner Zähnchen befinden.

C Mit ihren scharfen Schneidezähnen.

Antwort B ist richtig.

DIE WESPE

Zu einem Wespenvolk gehören 2000 bis 10 000 Tiere. Es besteht aus Königinnen, vielen Arbeiterinnen und Männchen, die Drohnen genannt werden.

Kinderstube in der Wabe

Im Frühjahr baut die Wespenkönigin ein wabenförmiges Nest und legt dort ihre ersten Eier ab. Aus den Eiern schlüpfen Larven, die sich nach etwa drei Wochen verpuppen. Nach weiteren drei Wochen schlüpfen die jungen Wespen, die sich zu Arbeiterinnen entwickeln und der Königin beim weiteren Nestbau helfen. Erst im Spätsommer kommen Männchen und neue Königinnen zur Welt.

Vorsicht!

Auf ihrer Suche nach Nahrung interessieren sich die Wespen im Sommer auch für das Essen der Menschen. Nur wenn sie sich selbst angegriffen fühlen, wehren sie sich mit einem Stich. Im Gegensatz zu Bienen können Wespen mehrfach stechen.

STECKBRIEF

Vorkommen:
weltweit

Lebensraum:
Wälder, Wiesen, Siedlungsbereich

Größe:
1 bis 1,5 Zentimeter, Königin: 2 Zentimeter

Gewicht:
2 Gramm

Lebenserwartung:
3 bis 5 Wochen; Königin bis zu 1 Jahr

Ernährung:
Nektar, Pollen, Pflanzensaft, Insektenfleisch (für die Larven)

Gelegegröße:
bis zu 300 Eier (pro Tag)

Ein Nest aus Holz

Die Waben des Wespennestes bestehen aus Holz. Die Wespen raspeln das Holz ab und speicheln es ein, damit es sich formen lässt. Ist der Holzbrei getrocknet, sieht er aus wie Papier.

QUIZ

Was hilft nach einem Wespenstich gegen Schmerzen und Schwellung?

A Die Stichstelle mit einem Kühlpack oder einem kalten, feuchten Waschlappen kühlen.

B Olivenöl auf der Stichstelle in die Haut einreiben.

C Heißes Zitronenwasser mit viel Honig trinken.

Antwort A ist richtig.

DER TEICHFROSCH

Zahllose Eier!

Das Weibchen setzt im Mai und Juni bis zu 8000 Eier ab. Die Eier bleiben in sogenannten Laichballen, die aus einigen Hundert Eiern bestehen, an Wasserpflanzen haften.

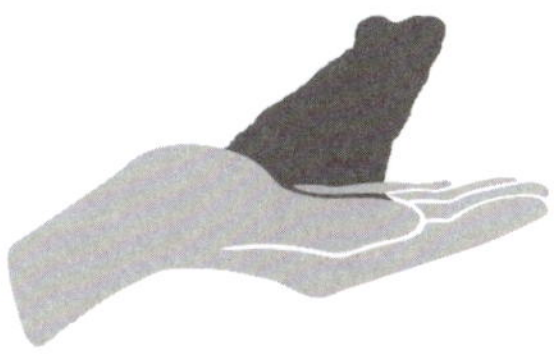

Larve - Kaulquappe - Frosch

Aus jedem Ei schlüpft eine winzige Larve, die sich in kurzer Zeit zu einer Kaulquappe mit Mund, Augen und Schwanz entwickelt. Kaulquappen haben Kiemen, mit denen sie unter Wasser atmen. Nach einigen Wochen wachsen Hinterbeine, etwas später Vorderbeine. Nach etwa zwei Monaten bildet sich der Schwanz zurück. Es entwickeln sich Lungen – und aus der Kaulquappe wird ein Frosch.

STECKBRIEF

Vorkommen:
Ost- und Mitteleuropa

Lebensraum:
Weiher und Teiche

Größe:
9 bis 11 Zentimeter

Gewicht:
50 bis 80 Gramm

Lebenserwartung:
5 Jahre

Ernährung:
Insekten, Schnecken, Spinnen, Würmer

Froschkonzert!

Die Männchen besitzen Schallblasen. In der Paarungszeit versuchen sie, die Weibchen durch lautes Quaken auf sich aufmerksam zu machen.

QUIZ

Was machen Frösche, wenn Gefahr droht?

A Sie verstecken sich im Schilf.

B Sie springen ins Wasser.

C Sie vertreiben ihre Feinde durch lautes Quaken.

Antwort B ist richtig.

DER KAISERPINGUIN

Hier brütet das Männchen

Das Pinguin-Weibchen legt ein einziges Ei. Das Männchen schiebt es sofort unter seine Bauchfalte. Während das Männchen das Ei ausbrütet, wandert das Weibchen Richtung Meer, um Fische zu jagen.

Gut geschützt!

Nach etwa 64 Tagen schlüpft das Pinguinjunge aus dem Ei. Damit es in der Eiswüste der Antarktis nicht erfriert, bleibt es zunächst auf den Füßen seines Papas stehen.

STECKBRIEF

Vorkommen:
Antarktis (Südpol)

Lebensraum:
Küste der Packeisgrenze

Größe:
1,00 bis 1,30 Meter

Gewicht:
25 bis 40 Kilogramm

Lebenserwartung:
bis 20 Jahre

Ernährung:
Fische, Tintenfische und Krill

Gelegegröße:
1 Ei

Rutschpartie

An Land bewegen sich Pinguine watschelnd oder auf dem Bauch rutschend fort. Dabei stoßen sie sich mit den Krallen ihrer Füße auf dem eisigen Boden ab.

QUIZ

Woran erkennt sich ein Pinguin-Paar, wenn das Weibchen vom Fischfang im Meer zurückkehrt?

A Am Geruch des Partners.

B An der Stimme des Partners.

C An der Form der gelben Flecken am Kopf.

Antwort B ist richtig.

DER KLEINE FUCHS

Mit den Fühlern kann der Kleine Fuchs riechen, schmecken und die Temperatur wahrnehmen.

Mmh, Brennnesseln!

Das Schmetterlingsweibchen legt seine grünen, gerippten Eier häufig an der Blattunterseite von Brennnesseln ab. Denn das ist die Futterpflanze, die die Raupen am liebsten mögen, wenn sie nach etwa zwei Wochen schlüpfen.

Raupe - Puppe - Schmetterling

Nach etwa einem Monat verpuppt sich die Raupe. In der Puppe entwickelt sich der Schmetterling. Wenn die Hülle nach ungefähr zwölf Tagen aufreißt, schlüpft der fertige Schmetterling heraus. Anfangs sieht er noch etwas zerknittert aus. Doch sobald seine Flügel trocken und steif sind, fliegt der Kleine Fuchs davon ...

STECKBRIEF

Vorkommen:
Europa und Asien

Lebensraum:
Parks, Gärten, Wälder sowie Berge bis 3000 Meter Höhe

Größe:
4 bis 5 Zentimeter Flügelspannweite

Gewicht:
0,2 Gramm

Lebenserwartung:
7 bis 8 Monate

Ernährung:
frisches Grün für die Raupe, Blütennektar für den erwachsenen Schmetterling

Gelegegröße:
50 bis 200 Eier

Immer hungrig!

Die Raupe des Kleinen Fuchses ist schwarz und stachelig. Sie hat weiße Flecken und zwei auffällig gelbe Streifen. Die Raupe ist ständig hungrig. Sie futtert unentwegt, wird immer dicker und muss sich deshalb mehrmals häuten.

QUIZ

Wie viele Beine hat ein Schmetterling?

A 4 Beine

B 6 Beine

C 8 Beine

Antwort B ist richtig.